www.thomassonnberger.wordpress.com

AF199366

Literaturliste:

Jürgen Habermas, Theorie des kommunikativen Handelns
E. Kandel, Biologie des Geistes, Suhrkamp
D. Kahnemann, Spiegel.de, Wikipedia
B. Mandelbrot, Wikipedia
Thomas Sonnberger, Supermacht Emotionen, BoD
Thomas Sonnberger, Super(t)raum Wohnraum, BoD
Thomas Sonnberger, Geheimnis der Emotionen, BoD
Thomas Sonnberger, Ohne Hypnose zu magischen Kräften, BoD
Thomas Sonnberger, Zeitmanagement, BoD

Der Film zum Buch:
www.youtube.com/watch?v=9qmoez7X3Is

Kommunikation auf Rezept
Aufgaben sind eine Liebesbeziehung

Branding me- wie Sie zum Emotions- und Kommunikationsexperten werden

3 Knackpunkte zur Information

Geistiges Eigentum 2004
Alle Rechte vorbehalten.
Zur Verwendung dieses Werkes bedarf es auf alle Fälle der schriftlichen Genehmigung des Autors. Es gelten die AGB s Thomas Sonnberger.

Druckfehler, Änderungen und Irrtümer vorbehalten. Auch die beste Theorie kann nur einen Ausschnitt der Wirklichkeit zeigen.

Wenn Sie eine Frage zum Buch haben, dann schicken Sie eine E-Mail an:
T.Sonnberger@hotmail.com
9.Auflage 2015

ISBN 9783735740366
Herstellung und Verlag: BoD – Books on Demand

Ready for Meer: Sinnliche Frische

Materie zieht Unordnung an, schon deshalb sollen wir ein Gleichgewicht bewirken.

Wir neigen zum Negativdenker, obwohl wir allen Grund hätten positiv zu denken, denn Opfer neigen zur inneren und zur äußeren Schuldzuweisung. Nur alte Informationen, sogenannte Muster, die wir lösen sollen, kosten Energie. Neue Informationen bewirken Energie.

Kein Hypnotiseur kann hypnotisieren, sondern wir selbst vollbringen die wunderbare, nahezu unglaubliche Leistung über das Sprachzentrum (!) In der Hypnose ist das Gehirn sogar inaktiv (!), denn der Mensch befindet sich in der aufmerksamen Ruhe.

Der Hypnotiseur bewirkt das Gefühl der Mitte: „die anstrengende Nichtanstrengung", die sich durch geistiges und körperliches Denken ausdrückt.

Der Grund, weshalb Profisportler und Top-Verdiener das goldene Gefühl der Mitte konservieren wollen, liegt darin, dass es sich leicht wieder in Luft auflöst,

meint,
Ihr

Thomas Sonnberger

Jeder hat das Talent

Das Wissen über den Unterschied von Gefühl und Emotion hilft uns enorm.
.

Gefühle sind keine Fakten, sondern unsere Geschichte, Ideale, Erfahrungen, unsere Landkarte aber nicht das Land. Mit den Gefühlen fühlen wir, mit den Emotionen bewegen wir.

Was nützt es ..?

Über den Vagus-Nerv verbinden wir Hirn-Herz und Bauch. Wenn Personen mit Herz, Hirn und Verstand werben, dann genießen sie das wunderbare Gefühl eines gesunden und stabilen Vagus-Nerves.

Wenn dieser Nerv mit der richtigen Frequenz und Atmung stimuliert wird, dann verschwinden die Kilos, die Depressionen etc.

Mindgym:
Schwingung ist nicht nur der Ursprung des Lebens, sondern bringt auch Gläser zum Zerspringen und Brücken ins Wanken. Rhythmus fördert den Flow, die anstrengende Nichtanstrengung.

Aber der Mensch sei lernfähig, sagt man. Mindestens genauso gut beherrscht er die Verdrängung: wissen, nicht wahrhaben wollen. Und die unsachliche Beurteilung, Gier, Wut, Kritik, Herabwürdigung, uns Worte im Mund umdrehen.

Was ist Leid? Leid ist Gewalt gegen uns selbst. Sie waren ganz vorne mit dabei, aber leider..."
Was nützen alle diese Worte?

In Schweden, so die **Whitehall Studie**, sind die Menschen um **10 Jahre weniger krank,** wenn sie das Gefühl haben, etwas zu bewegen. Krebs ist im Herz unbekannt, weil der Herzmuskel stabil ist.

Deshalb haben emotional ausgewogene Berufsgruppen, wie evangelische Pfarrer, Notare und Dirigenten die höchste Lebenserwartung (!)

Bewegung, heißt, Emotion, ist das Geheimnis des Lebens, denn Proteine, die nicht in die Gänge kommen, sind wirkungslos oder ein Kadaver ...

Emotionen generieren unser Verhalten, welches von den Genen kopiert wird. Wobei die Gene hauptsächlich ein Speichermedium sind.

Im orthopädischen Bereich kann Bewegung (Emotion) zwar keinen Knorpel herstellen aber die Gelenksflüssigkeit erzeugen, um Sport, Musik und Tanz zu betreiben.

Super(t)raum Wohnraum:

Wer führt? Wer liebt? Wer hat die Kraft?
Das Wohnzimmer soll Freude, das Arbeitszimmer

Richtung und das Schlafzimmer Erholung, ausstrahlen.

Die aufmerksame Ruhe, die anstrengende Nichtanstrengung, den Flow, schaffen Hypnotiseure in windeseile.

Dirigenten haben von allen Berufsgruppen haben sie die höchste Lebenserwartung und sind top in der Menschenführung.

Klassische Musik und Rhythmus unterstützen die aufmerksame Ruhe oder den Flow.

Wer glaubt, er ist zu klein,
hat noch nie eine Nacht
mit einem Mosquito verbracht.

Afrikanisches Sprichwort

Kapitel 1

Neurophysik

Balance

Stimulanz   Dominanz

3 EMOTIONALE WUNDER

Wer sich nicht wundert,
wird keine Wunder erleben.

Marie von Ebner-Eschenbach

Flow oder aufgeben?

Jeder Gefängnisdirektor und Tierhalter weiß, dass Isolation süchtig macht, egal ob sie sich in einem Hoch oder Tief befinden. Sucht hat sehr wenig mit Fett, Zucker und Nikotin zu tun, sondern mit dem Thema Assoziation, Beziehung und Belohnung.

Von den Gefühle leiten wir unsere Assoziationen, Werte ab und die Emotionen sind der Ausdruck und folglich die Ausführung.

Wenn Gefühle prägende Emotionen werden, dann sprechen wir von Mustern, die uns ganz schön einengen können, vorallem, wenn Cortisol ins Spiel kommt, dann sind wir entweder sehr mutig oder sehr defensiv.

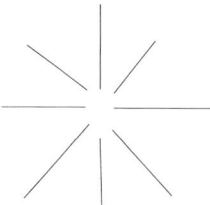

Kreis oder Pfeile?

Wohin „zieht" das Gefühl (Muster)?

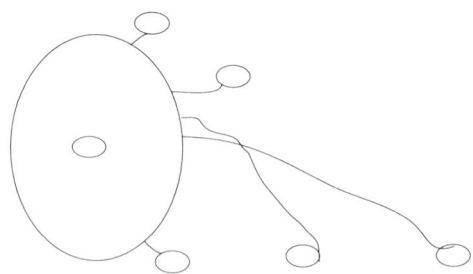

Klares und erfolgreiches Denken durch Assoziationen

Durch Assoziationen (Verbindungen) wird eine Situation für das Gehirn messbar und nachvollziehbar. Fließzustand (Flow), wunderbare Energie und sogar Erfolg entstehen.

Wie sieht die Flasche im Bild färbig aus?

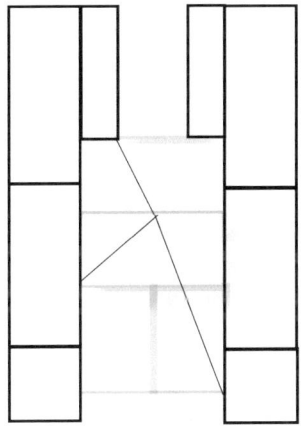

Laterales Denken
No Limits

Wie sehen Himmel, Berge, Blumen färbig aus?
Wie sehen Nudeln von Apple aus?

Flow: Ich werde siegen Formel

Zusammenhänge zu erkennnen, sind eine Schwäche des menschlichen Geistes. Sie können Zusammenhänge mit jedem Spiel (auch Mühle) üben, aber mit Kommunikaiton ist es am Besten:

Flieger, Flugzeug, Flughafen:

Sommer, Sonne, Frische:

Wald, Baum, Rinde:

Obst, Tee, Wasser:

Laufen, Bewegung, Attraktion:

Blumen, Duft, Liebe:

Meer, Sand, Palmen:

Himmel, Weg, Gelassenheit:

Wasser, Meer, Zebra:

Lunge, Luft, Verteilung:

Figur, Geschmack, Liebe:

Wasser, Apfel, Bewegung:

Lust, Wille, Ausgeglichenheit:

Assoziation: Apfelbaum

Der größte Handlungsbedarf für Motivation liegt darin, die Monotonie aufzulöse. Wer seine Träume realisieren möchte, soll aufwachen und assoziieren.

Die meisten Konflikte sind harmlos, meistens geht es um Kleinigkeiten. Gemäß der Spieltheorie gibt es in einem Konflikt ein Gleichgewicht, heißt, in der Natur hat eine Vermehrung der Falken die gleichen Nachteile, wie die Vermehrung der Hasen. Das ist zwar einfach gesagt, weil die Wirklichkeit vielfältig ist. Der Konflikt ist ein Nullsummenspiel.

3 Emotionen, die wir beim Menschen und in der Natur finden

▲ Stimulanz: Herz, Stimmung, Durchblick und
▲ Dominanz: Rhythmus, Standpunkt, persönliche Entwicklung können ein Feuerwerk im menschlichen Körper entfachen. Zufall?
▲ Balance: Geben und Nehmen bewirkt Güte, Beziehungen und schafft Vertrauen und Treue

Lösung:
Wenn ich an eine schwierige Kommunikation denke, dann verwende ich einen Apfel als Metapher für ein Produkt, um zu überlegen, wie ich den Apfel darstellen, präsentieren und teilen werde.

Denn durch Geschmack und Assoziation, heißt Magie, der Früchte öffnen sich neue Fenster (der Kommunikation). Anstelle des Apfels stelle ich...

3 Geheimnisse des Körpers und der Natur

▲Die erste Phase nennen wir Stimulanz:
In der asiatischen Tradition ist das Herz das wichtigste Organ, das Kaiserorgan. Es bewirkt, dass wir paradoxerweise durch Anstrengung in die Nichtanstrengung, heißt, Flow, kommen.
Gefühle sind keine Fakten, sondern Erinnerungen, Erfahrungen, Redewendungen, die Landkarte aber nicht das Land.
Neue Informationen kosten keine Energie (!)
Deshalb sind Emotionen supraneuronal, also ohne Reibung. Nur alte Informationen, sogenannte Muster, die wir lösen sollen, kosten Energie.

Wenn das Herz im Schwung ist, fühlen wir uns wunderbar.

Yogaübung: Licht besteht aus Teilchen und Welle, will heißen, die Welt ist außen real und innen abstrakt. Abstrakte Malerei befreit und energetisiert uns auf wunderbare Weise, wenn es uns zu Assoziationen anregt.

▲Die zweite Phase nennen wir Dominanz:
Wenn wir eine neue Richtung einschlagen wollen, dann sollen wir alte Informationen löschen.
Glaubwürdigkeit ist eine Methode, um Organe zu stärken und das Ziel zu erreichen.

Yogaübung: Baum bedeutet: der Weg ist das Ziel, Rhythmus, Tonus und Wachstum.

▲ Die dritte Phase nennen wir Balance:
Alte Informationen sind kaum löschbar. Im
aufmerksamen Ruhezustand ist das Gehirn inaktiv (!) und bewirkt die wunderbare, nahezu
unglaubliche Energie. Anstrengend ist dabei die
Nichtanstrengung. Lachen schafft Selbstdis-
tanz, denn Humor betrifft jedes Thema.

Yogaübung: Erde nimmt Wasser und Wärme ent-
spannt auf und gibt sie nach Bedarf ab.

Das wissenschaftliche Antiaging

1. Abnehmen hat mit dem Hormon der Verliebten
(Phenylethylamine) zu tun. Es bewirkt das Para-
doxon der Balance, Vertrauen in die Wahrnehmung, Leichtigkeit, anstrengende Nichtanstrengung und nahezu Null-Essbedürfnis.

Folglich wird das Hormon Dopmain ausgeschüttet,
das Glückshormon der Führungskräfte, das Leichtigkeit, Glück und Kreativität zum Nulltarif an-
bietet.

2. Der Goldene Schnitt belebt die Zellen

Der Goldene Schnitt macht die Zellen des Menschen lernfähig, weil es sich um eine Proporti-
on handelt. Die berühmtesten Bilder der Welt, wie
Mona Lisa, Bauwerke, wie Notre-Dame, die Blüten,

Schmetterlinge, Seesterne, sogar die DNA, auch der Bauchnabel, die Atmung, Mode und Rhythmen spiegeln den Goldenen Schnitt, und bringen den Körper zum Jubeln. Dadurch soll uns sehen, hören, tasten, schmecken und riechen heilig oder bewusst sein. Das proportionale Denken sagt zum Bespiel, das ein Teich nach 47 Tagen zur Hälfte und nach 48 Tagen zur Gänze mit Seerosen bedeckt ist.

3. Dem Wissenschafter Ray Taylor ist es gelungen, Diabetes zu besiegen. Er verordnet den Diabetikern 8 Wochen 600 Kilokalorien pro Tag in Form von flüssiger Nahrung. Er hat große Erfolge und beweist, dass Zuckerkrankheit besiegbar ist. In der Natur fasten die Tiere bis zu 6 Wochen.

Das Anstrengende an der aufmerkamen Ruhe ist die Nichtanstrengung, die 95 Prozent des Erfolges ausmacht, die Ernährung ist die Kür. Im Gleichgewicht zu sein ist nicht einfach, erfordert Übung.
Zusätzlich sind reale Nahrungsmittel wie Salat und Obst um ein vielfaches biller als gefakte Nahrungsmittel. Durch den Verzicht auf feste Nahrungsmittel, spart der Körper den größten Energieverbrauch ein: die Verdauungsarbeit und schaltet auf Müllverbrennung um.

Der Körper verarbeitet nun überschüssiges Fett und darin eingelagerte Schadstoffe. Dadurch erholen sich zahlreiche Stoffwechselerkrankungen und das Immunsystem.

Der Mensch fühlt sich wie neugeboren.

Emotionen als Jungbrunnen

Cortisol dient dazu, um unter Druck arbeiten zu können. Sollte das Cortisol nicht abgebaut werden, sind Bauchweh, Hunger, Stress, Übersäuerung und Kopfschmerzen die Folge.

In diesem Sinn lohnt sich kein Lebensstil, der eine Übersäuerung hervorruft. Denn der Mensch mindert seine Gesundheit, noch bevor der Körper die erste Abwehr meldet.

Rote Blutkörperchen transportieren den Sauerstoff von der Lunge in die Zellen. Fehlen die roten Blutkörperchen kann eine Entzündung vorliegen. Weiße Blutkörperchen wehren Infekte ab. Erhöhen sich die weißen Blutkörperchen durch Stress, Ungerechtigkeit und Ärger steigt das Risiko für einen Herzinfarkt. (Nahrendorf, Harvard Business School)

Das Gehirn verarbeitet Negatives schneller als Positives, um Gefahren abzuwehren. Dadurch werten wir uns ab, obwohl wir jetzt das Gegenteil möchten. Deshalb kann emotionales, assoziatives konditionieren kann das Immunsystem stärken.

Wer bin ich? Leben ist eine Liebesbeziehung
Die sinnvolle Nutzung von Raum bedeutet wieder Mensch zu sein.
- In der Situation: Assoziationen zu finden und abrufen
- Die Welt real und abstrakt erkennen
- Sichere Instrumente, Werkzeuge und Räume nützen

Die Sprache aus Tönen, Farben und Gefühlen

Humphrey Bogart war trotz seiner geringen Körpergröße ein großer, erfolgreicher Schauspieler...

Eine Sprache kann man in „kurzer Zeit lernen"

Sprachschüler knipsen sich an das Ziel heran und lassen die Wörter knistern. Zunächst lernen sie die Sprache vormittags durch Lesen von Kinderbüchern ... „Ich liebe die Sprache und die Zahlen", sagt ein Schüler, der eine Sprache in einer Woche lernen möchte. Am Nachmittag flanieren er mit einem Sprachcoach durch die Stadt und besucht Galerien, Museen ...
Sprachschüler sehen in Farben und Formen, wo die meisten spröde Zahlen, graue Wörter oder einfach „Bahnhof" verstehen. Gefühle, Farben, Formen verbinden sich rasend schnell mit den Wörtern. Sie verbinden Wörter mit *„Scht"* wie Strecke, Strich mit Entfernung und Schnee. Im Wort Gras steckt schon das Wort Grün drinnen und im Wort Kn steckt Knospe, Knödel. Vogel bedeutet Feder, Flugzeug, Engel; und A will heißen: Wagen, Kragen, Magen.

Faszination Erfüllungsgrad:
Im Ökonomiesprech besagt die Paretoformel: 80 Prozent eines Effektes werden über nur 20 Prozent der Ursache erzeugt. Auf unser Leben umgelegt: Mit wenig Anstrengung kommen wir schon zu einem sehr guten Erfolg. Mehr noch: Nach Pareto bewirkt mehr Anstrengung nichts, sie kostet nur unnötig Zeit. Deshalb genügen 5 x 50 Minuten Training pro Woche, 608 Vokabel für eine Sprache.

Ein Goldminen-Lied: „What you're proposing" von Status Quo.

Dreieck der Emotionen

aufmerksame Ruhe

genießen

Kooperieren

B͏   ͏de

Stimulanz: Licht   Dominanz: Baum

Knipsen   *Knistern*

Neu bewirkt Energie,   *Richtung*
Spielfreude im Sport,   *Alte Informationen*
Klarheit, Einfachheit   *sind schwer zu löschen.*

Farben   *Bewegung,*
Formen   *Rhythmus, Glaube*

Flow, die anstrengende Nichtanstrengung   17

Rhythmus.Macht.Flow

Musik wirkt doppelt erklärend, indem sie den Glauben an den Menschen stärkt und durch eine Stimmung vorhergesagt. Der Rhythmus erzeugt die aufmerksame Ruhe, den Flow.

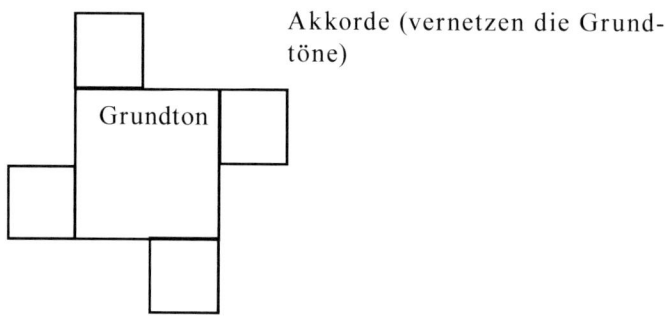

Akkorde (vernetzen die Grundtöne)

Grundton

Aufgrund des Quintenzirkels wissen wir, dass Grundtöne und auf diesen errichtete Akkorde verwandt sind, um das Verständnis zu erhöhen und zu erweitern. In der gelungenen Kommunikation ist es wie in der Musik, denn die Grundidee oder der Grundton wird durch Akkorde, die ein besonderes Gewicht haben, unterstützt.

Reden ist Silber, Tun ist Gold

Im erweiterten Sinn von Wittgenstein sind die Grenzen der Musik die Grenzen unserer Welt, Stimmung etc.

Jeder Zyklus beginnt mit einem Punkt, Ton: „Tut", man kann man auch Amen oder Om sagen.
Studien über Partnerschaften und Geschäftsbeziehungen belegen, dass Aufmerksamkeit und Rhythmus eines Menschen wichtiger sind, als äußerliche, „attraktive" Merkmale.

Der schmale Pfad der Beziehung (Empathie):
Wir wünschen uns zwar Harmonie, der Steinzeitmensch ist aber auf Flucht oder Kampf programmiert. Am Beispiel einer Schnur, die von zwei Personen bewegt oder gehalten wird, kann man leicht erkennen, ob der Rhythmus angenommen wird.

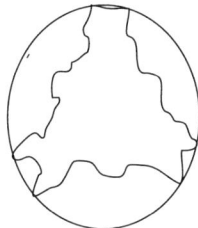

Rhythmus als Kreis

In der Steinzeit konnten die Menschen wie die Tiere nur Erfahrungen sammeln, denn die Sprache als Kulturtechnik war kaum ausgeprägt.

Topseller:
Deshalb müssen wir Fragen (...) stellen: Was wissen Sie über das Produkt, meine Philosophie, meine Wünsche, über mich? Was sind ihre Alternativen, Vorstellungen, (kreative) Zugänge, Vorschläge? Woran liegt es, dass....? Wieviele...? Gibt es eine andere Person, die wir beiziehen können?

▲ Dominanz, Schlagfertigkeit in der Rhetorik: Du bist eine Pflaume." Die richtige Antwort: „Du meinst ich bin frisch und saftig." Kinder suchen das Geheimnis des Spiegels, Erwachsene sehen die Oberfläche.

Job der Trainer

Für viele Trainer, insbesondere für Rainer Neuhofer, ist Standgas verpönt, denn die Spieler sollen zwischen der Go- und Stopp-Strategie wechseln. Fehlt dieser Rhythmus, wie wir es aus der Tierwelt kennen, dann nähert sich der Stress.
Durch Stress, Jetlag, Nikotin und sonstiger Süchte, wie Esssucht, gerät der Rhythmus des Menschen aus dem Takt, weil sich die Nervenzellen nicht auf den Tagesrhythmus einstellen können. Dadurch können sich die Menschen nicht konzentrieren, nicht lernen und nicht das Leben leben und lieben, wie sie es wollen.

Den WM-Titel holen nicht immer die besten Mannschaften; trotzdem siegen sie durch

▲ Stimulanz bedeutet Durchblick (Licht), Spielfreude

▲ Dominanz heißt Rhythmus (Tag, Nacht), Norm, Strategie, Wachstum statt Imitation

▲ Balance heißt Zusammenspiel, anstrengende Nichtanstrengung, für die Mannschaft da sein

Gemäß der Wärmelehre geht keine Energie verloren. Sie ist konstant.

Wenn Sie in der Natur:

* Licht
* Baum
* Erde

sehen, wie stark sind Assoziation und Tonus, um

- Denkmuster, Handlungsmuster und Fähigkeiten zu durchschauen

- mit Integration nachhaltige Ergebnisse zu erreichen?

Reflexionsfeedback und Reflexionslernen als Motor für Entwicklung und Liebe zu nützen.

*Wir können den Wind nicht ändern,
aber die Segel richtig setzen.*

Aristoteles

Emotionen als Energiebrunnen

„Erst wenn der Körper leer ist", *sagen die Spitzensportler,* *„kann er mit Leben, Bewusstsein, gefüllt werden."* *Deshalb üben die Sptzensprortler die anstrengende Nichtanstrengung.*

Phänomenal vital

Emotionen lösen Hormonkaskaden aus, wobei das Testosteron (zur Unterstützung der Knochen, Muskeln) der Dominanz und das Oxytocin das Treue- oder Kuschelhormon zur Wundheilung, der Balance, zugeordnet werden kann.

Stimulanz: Wer ist the sexiest „wo"man alive? Antwort: „Selbstbewusstsein". Wie gesagt und wie wir kennen, das Hormon der Verliebten ermöglicht uns die anstrengende Nichtanstrengung.

Mindgym: Von 100 bis 97 herunterzählen, um die tiefe, tiefe Ruhe oder die dynamische Stille einzuleiten. Dadurch erreichen wir die aufmerksame Ruhe und erleben Freiheit und Energie.

Um die aufmerksame Ruhe, Konzentration, Verständnis, Eigenschwingung und Lyrik zu erleben, soll der Arm (oder Körper) locker wie ein Tuch (oder wie Wasser), oder fest wie Holz (Bambus, Metall), sein.

•Beim Einatmen spüren wir: Winter, Herbst, an den Atempolen: Spätsommer, Ernte, Genuss, Lyrik und beim Ausatmen: Frühjahr, Wachstum, Rhythmus. Durch die Kälte ziehen sich die Zellen zusammen und in Folge entsteht die Atmung.

Schlafen Sie sich gesund?
Das Perpetuum mobile der Gesundheit ist der nächtliche Tiefschlaf, damit der Körper tagsüber in Schwung kommt. Das Ruhepotenzial des Menschen steuert die Nerven, die Haut und die Muskeln. Die Haut schützt den Körper und unterstreicht die Attraktivität des Menschen.

Die Welt ist außen real und innen abstrakt

Das Licht besteht aus Teilchen und Wellen. Obwohl es widersprüchlich klingt reden wir vom Licht.

Fuzzy logic: Hochmut, Habgier, Trägheit, Wolllust, Neid waren im Mittelalter schlechte Eigenschaften, die sehr hart bestraft wurden. Hinter jedem Laster kann aber auch eine Eigenschaft - vielleicht Liebe stecken, wenn man sich genauer beschäftigt. Stolze Menschen strahlen eine Beharrlichkeit aus, die zur Zielerreichung notwendig ist. Die trägen Geister unter uns kommen oft zu ausgewogenen Entscheidungen. Der Neider motiviert sich und andere zu Kreativität. Und der zornige Mensch kann in Kombination mit einer Strategie einen Konflikt gewaltfrei und fair lösen.

Im Gewissen stehen wir vor unserem Ideal, unserer Überzeugung oder vor Gott. Es klingt einfach, aber unsere Gewissen besteht auch nur aus Assoziationen.
Es ist naiv, wenn mittelalterliche Gesellschaften glauben, dass alles jenseitig und spirituell ist. Genauso ist es naiv, wenn materielle westliche Gesellschaften glauben, dass es ohne Spirit oder formloser Energie geht.

Neurophysik: Wild thing

No Limtis: Wenn sich Gegensätze vermählen, dann entsteht Magie, sagen Erfinder und Künstler.

Die Vermählung von Wasser und Feuer bewirken den seidigen Glanz der Perle. Deshalb ist die Perle ein Symbol von zwei Werten, wie Mann, Frau, Geben und Nehmen, Kreativität und Empfangen.

▲ *Stimulanz:*
Das **Hormon** der Verliebten bewirkt den Paradigmenwechsel, heißt: Lebendigkeit, Wertschätzung, Tonus, Null- Essbedürfnis, Kreativität und Null-Positionsgerangel. Warum? Ein trainiertes, starkes, liebevolles Herz macht uns frei von Schwankungen und wir können mehr tun und lassen. Es sein lassen, bedeutet nicht nur Gelassenheit, sondern auch Lösungen seitlich zu erkennen und zu sehen.

▲ *Dominanz:*
Hochbegabte kennen die subjektive, objektive und transmentale Wirklichkeit, damit keine Grenzen im Kopf entstehen; und sie lassen sich ihre Ecken und Kanten nicht abschleifen; deshalb sind sie stressresistent. Die subjektive und objektive Wirklichkeit ist so weit klar, die transmentale Wirklichkeit muss ihre Existenz nicht beweisen, sie ist weder richtig noch falsch. Es ist. Hochbegabte sind ausdauernd und halten ihre Ideen für wertvoll und durchsetzungsfähig. Sie wollen nicht nur Altes verbessern sondern Neues bewirken.

Energie für immer

Dirigenten haben die höchste Lebenserwartung, weil Musik die Muskulatur, insbesondere das Herz, beschwingt und innere Kontraktionen löst.

Was bewirkt Gesang?

▲ Stimulanz: Stimme dehnen, (Vielfalt, Klarheit)

▲ Dominanz: Kontrolle, Ziel, Rhythmus, Tonus

▲ Balance: Flexibilität, soziale Zusammenhänge

Was geht und was gar nicht geht
• Positionsgerangel innerhalb der Mannschaft kostet Energie
• Zusammenarbeit vervielfacht den Gewinn, deshalb wird Diversity-Management weit unter seinem Wert geschlagen
• Qi-Gong: berührt jede Zelle

Lernen ist g . ! . randios!
Die meisten Menschen scheitern an den einzelnen Fächern wie Sport und Mathematik nicht, weil sie kognitiv nicht dazu in der Lage wären, sondern weil beim Lernen um Emotionen geht.

Faszinierend wie sich Musiker und Sportler durch Feedback unterstützen, um Chaos zu reduzieren oder gar zu vermeiden.

1 Stimulanz: Sir Alex Ferguson trainiert die besten
              Fußballmannschaften der Welt,
              solange er das Bewusstsein pflegen
              kann. Es genügen 25 Prozent der
              Chancen, um zu siegen.

1.1 Dysstimulanz: Es genügt nicht nur zu sehen,
              sondern wahrhaben erklärt die Welt.

2 Dominanz: Im Fußball, heißt in der Kommunikation,
              können die vorhandenen PS durch
              Konter auf die Straße gebracht werden.
              Deshalb muss die Verteidigung auf dem
              Spielfeld und in der Kommunikation klar
              sein, um eine Antwort zu geben.

2.1 Dysdominanz: Ohnmächtige Wut äußert sich in
              Zynismus.

3 Balance: In der Kommunikation und im Fuß-
              ball trainieren die Spieler das Konter-
              und Defensivspiel, um auf Nachteile
              reagieren zu können.

3.1 Durch den Quintenzirkel werden in der Musik
              die Halbtöne und die Akkorde entdeckt
              und zugeordnet. Denn es sind die Ak-
              korde, die Musik, heißt ein Gespräch,
              bewusst und richtungweisend machen.
              Wie klingt Ihre Lieblingsmusik?

Wer(t) hat Recht ..?

Gefühle, Glaubensmuster, sogenannte prägende Gedanken (Emotionen), können uns ganz schön einengen, deshalb mindert Feedback das Chaos und bietet gleichzeitig ein hohes Maß Sicherheit an. Nietsche hat die Wertediskussion auf den Punkt gebracht, indem er gesagt hat: „Einer hat Unrecht, zwei haben Recht."

▲ Balance:
regelt, realisiert, vergleicht Nähe und Distanz, Genuss

Geist

Wahrnehmung   Kommunikation
(Grenzen)   (Emotion, Ausführung)

Materie
Wenn der Körper leer ist, kann er energetisiert werden.

Aus der Beobachtung von Naturereignissen haben chinesische und europäische Ärzte auf den menschlichen Organismus gezogen. Platon und Aristoteles berichteten bereits über die Heilkraft der Naturelemente aus Erde-Feuer-Wasser-Luft.

Ursprung der Sprache, der Kunst und der Zeit

Stimulanz: Wenn die Sonne lacht, kann ich auch lachen. Licht verschafft Durchblick und Feuer reinigt.
Auch in der Bibel steht, dass Jesus bei Sonnenaufgang wieder auferstehen wird.
Wasser ist flexibel, passt sich jedem Gefäß an und ist in der freien Natur stärker als Stein.

Dominanz: Wenn der Baum wächst, kann ich auch wachsen. Das Metall in der Erde symbolisiert den Glauben und sondert das Wasser ab.

Balance: Der Fluss des Geschehens besteht aus einem Wertepaar: Geben und Nehmen; Tun und Verzeihen.

Wer den Winter nicht liebt, kann den Sommer nicht begrüßen.

Löcher in der Abwehr finden

Kommunikation und Investition hängen stark von den Erwartungen anderer ab, erklärt Nobelpreisträger Arrow in Wien. Im erweiterten Sinn der Forscher von der Unversität Edigburgh hat das Einsetzen von Problemen mit der Interpretation von Bildern und Situationen zu tun. Deshalb ist die Neugierde ein Biomarker, der langwierige Tests vermeidet.

Was bedeutet ein Nein?
Noch einige Informationen notwendig.

Schlagfertigkeit oder Spontanrede:
Nicht alles, was hinkt, ist ein Vergleich.
Und die Welt ist eine Scheibe.

Was kann eine Abwehr oder Aversion bedeuten?

Die Quintenmechanik besagt, dass nach der fünften Frage: die Akkorde, heißt, die Löcher in der Abwehr des Gesprächspartners sichtbar werden.

Der Kommunikator muss also die Löcher in der Abwehr finden, um mit seinen Ideen zu punkten. Wenn die Diskussion rückwärts läuft, dann können Sie statt der Grundtöne, die Akkorde anschlagen und sagen: „Was wollen Sie?
Warum ist Ihr Wort mehr wert als meines?
Was und woher sind Ihre Alternativen, die zum Erfolg führen? Geht es Ihnen um die Position oder die Sache?"

Neurogastronomie:
Der Bauch redet mit

Heart-streaming:

Poesie in Flaschen: Wenn ich siege, verdiene ich den Champagner für die Seele, und wenn ich verliere, brauche ich den Champagner für die Seele.

Die Seele der Küche, erklärt Wolfgang Puck, besteht aus Neugier (Stimulanz) und Mut (Dominanz).

Geschmack ist die Kombination von Emotionen Er hat unsere Finger-, Mund-, Intelligenz- und Herzensentwicklung bewirkt. .Im Gegenzug sind die Zähne (Gebiss) kleiner geworden, da wir die Nahrungsmittel fein zubereitet bekommen. Dennoch sind heutzutage schöne Zähne ein Zeichen für rohe Kraft, um Lebensmittel zu zerkleinern.

- ▲ Stimulanz: sehen
- ▲ Dominanz: riechen
- ▲ Balance: schmecken

Die Natur ist der beste Koch

- ▲ Stimulanz: Radieschen, Karoffel, Schnittlauch
- ▲ Dominanz: Fisch
- ▲ Balance: Mandelsauce

Mode & Physik

Es geht nicht nur um die Ästhetik, sondern um die Wirkung der Formen, hat Architekt Hollein im erweiterten Sinn gesagt.
Der Bildhauer Wotruba, so Bronner, hat bis zu 18 Mal die gleiche Skizze gezeichnet, bis es aus der Hand gelungen ist.
Der Reiz der Sinnlichkeit, so Peter Hofbauer, liegt in der subtilen Schamhaftigkeit.

Drei Viertel ist Inszenierung: Mode fördert nicht nur die Empathie, sondern kann Kontrollinstanzen über Stoffe, Farben und Formen ausschalten; und erklären, was Mythos und Vorlieben sind.

Let it Rock:
▲ Venus-Code (Stimulanz): Sonnenschein, Reiz, Anziehung, die Kraft des Unentdeckten, Star-Appeal

▲ Mars-Code (Dominanz): Richtung, Nutzen, Einfachheit, Glaube, Partitur, Kunstwerk, Rhythmus, Element

▲ Unisex-Code (Balance): Grundspannung, Lyrik, Sicherheit, Chorgeist

Licht in Sicht: Ambient lighting
▲ Stimulanz: weiches Licht
▲ Dominanz: hartes Licht
▲ Balance: Assoziationen

Mit den Gefühlen können wir fühlen und mit den Emotionen generieren wir das Verhalten.

C. G. Jung

hat direkt gefragt: „Willst du gut oder ganz werden?"
Wenn wir ganz werden wollen,
dann brauchen wir dem Schatten keine Bedingungen stellen,
sondern den Schatten als Baustoff für Glück und Energie erkennen.

Hinzu kommt, dass unser Gehirn Mängel höher bewertet als das Gute. Wir scheitern also nicht an den Fehlern, sondern an der Kombination aus Trotz und Panik (Stress). Beim Sport oder bei Leistungen allgemein ist zu beachten, dass es dem Gehirn egal ist, ob man Mann oder Frau ist.

Ich habe schon schönes Wetter mit Regen gesehen

Michael Seida singt John C. Fogerty

Old man look at my life,
I´m a lot like you were
Neil Young

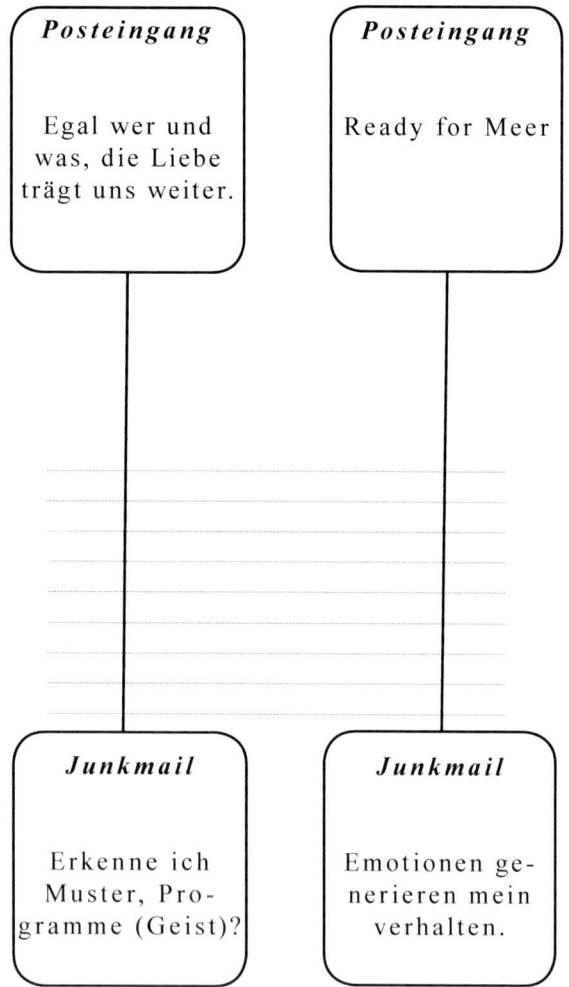

Posteingang

Egal wer und
was, die Liebe
trägt uns weiter.

Posteingang

Ready for Meer

Junkmail

Erkenne ich
Muster, Pro-
gramme (Geist)?

Junkmail

Emotionen ge-
nerieren mein
verhalten.

Emotionen machen konkurrenzlos

Auch Darwin irrt streckenweise, wenn er meint, dass diejenigen überleben, die sich anpassen. Der Pfau hat sich der Natur nie angepasst und lebt trotzdem, da das Produkterlebnis, die Assoziation, das Erfolgsbild passt.
Arroganz oder hohe Preise werden auch im Verkauf eingesetzt, wenn der Kunde einer Gruppe zugehören möchte.

Eine Krise ist auch eine besondere Chance, wenn ich neugierig bleibe. Assoziationen bewirken klares Denken und Freiheit.

Schwarm-intelligenz, Netzwerk	Stimulanz	Dominanz	Balance
	Sonne, Licht	Baum	Erde
	Klarheit, Fließ-zustand	Standpunkt, Richtung	Zusammenar-beit, Lyrik
Stil	Reiz, Produkt-, Erfolgscollagen	wenn-dann-Regel, Normen	So war es und mache es besser
Kommuni-kation	Fragen, Fortpflanzung, Image	Referenz steigert den Wert	Sicherheit
Kapital (Wert)			
Zeit, Kosten Ort,			

Warum in die Ferne schweifen-der Spa(ß) ist so nah

Man sieht nur mit dem Herzen gut.
Das Wesentliche ist für die Augen unsichtbar.
Der (glückliche) Prinz

Wann fühlen wir uns wirklich von einem Menschen, einer Sache berührt?
Und wann können wir jemanden wirklich berühren?

Wenn die Energie abnimmt, kann das Inhalieren von Düften, zum Beispiel von Lavendel und Sandelholz, die Zellteilung fördern, die Blutchemie und die Genetik eines Menschen derart verändern, sodass er sich als phänomenal vital fühlt. (Daniela Busse, Hanns Hatt, Uni Bochum)

Die Haut riecht nicht nur die *Düfte*, sondern hört auch die Schwingung.

Herz-Noten:

▲ Stimulanzduft: Rose, Orchidee, Veilchen, Pfirsich

▲ Dominanzduft: Bergamottöl, Moschus

▲ Balanceduft: Zedern-, Sandelholz, Patschuli

Leben ist mir zuwenig, sagt der Schmetterling, ich möchte fliegen, Blumen und Sonne.

Hans Christian Andersen

Kapitel 2

Konzentriert euch!

Balance

Stimulanz   Dominanz

ZURÜCK ZU
(UNSERER) NATUR

Alle Geburt ist Geburt aus Dunkel ans Licht;
das Samenkorn muss in die Erde versenkt
werden
und in der Finsternis sterben,
damit die schönere Lichtgestalt sich erhebe
und am Sonnenstrahl entfalte.

Friedrich Schelling

Zurück zu (unserer) Natur

Licht:
(Stimulanz)

Zellerneuerung Das Licht steuert die Jahreszeiten, die Ernte, unseren Rhythmus und Tag und Nacht. Das blaue Licht in der Früh macht unsere Zellen frisch und munter. Die Kälte zieht das Blut nach innen, damit der Körper regenerieren kann.

Im Frühling gibt es nichts Schöneres als die ersten milden Sonnenstrahlen und die ersten Läufe über die feuchte Erde. *Ein Gefühl wie Sommer wünschen wir uns herbei und tragen Sehnsucht nach Sonne im Herzen.*
Wer Sommer sagt, der sagt auch: Kirschen, Beeren und Strandsandalen.

Und weil Laufen hungrig macht, sollten wir wissen was wir essen, denn mit der richtigen Wahl holen wir uns die nötige Energie zurück und vielleicht eine geschmackliche Überraschung. Das gewisse angenehme Kribbeln geht um, unser Körpersäfte kommen in Wallung. Es ist wohl kein Zufall, das der 21. Juni der Tag des Johannestriebes ist..
.
Wenn die Sonne lacht, dann wird der Körper angeregt, stimmungsaufhellende Hormone zu erzeugen. Genauso können wir bei einem offenen Feuer stundenlang in gemütlicher Runde verweilen. Die Glut des Feuers bringt uns in harmonische Stimmung.

Lebensrhythmus allein, mobilisiert Kraft. Sollte diese Bewegung Laufen (oder Ramba, Samba, Ginga) sein, so kann sie dem Element Wasser zugeordnet werden.

Muskeln garantieren eine gute Durchblutung und einen stählernen Körper. Weich und trippelnd ist der erste Schritt – wie die sanften Wellen der Liebe und des Meeres.

Luft nährt das Feuer

Luft durchdringt das Wasser, damit es lebt. Luft, also Sauerstoff, wird durch die Bäume und Pflanzen erzeugt. Luft sehen wir nicht, schmecken wir nicht, hören wir nicht, Luft ist Leben. Ohne Luft gibt es kein Feuer. Durch die Atmung verteilen wir die Energie in alle Bereiche des Körpers.

„Die Kombination von Ideen oder Taktik ist immer eine Innovation", hat Schumpeter im erweiterten Sinn gesagt.

Wasser ist ein Informationsträger

Wasser gleicht dem Geist. Viele Menschen nehmen einen laut plätschernden Bach als beruhigend wahr - obgleich er so laut wie eine Strasse sein kann.

Wasser passt sich der Geschwindigkeit der Umgebung an und Wasser kühlt das Feuer. Es ist flexibel, leicht und fest zugleich; passt sich jeder Situation an und ist stärker als jeder Stein. Wasser ist Leben. Es gab einmal Menschen, die über

Müdigkeit klagten. Was ist zu tun? Der Meister des Wassers übt die heitere Gelassenheit.

Der Atem wird gelassen und ruhig wie die Oberfläche des Sees. Der tief heilende Gedanke des Wassers bedeutet: fließen, träumen, fühlen, authentisch sein, Potenzial aufbauen.

Baum
(Dominanz)

Bäume werden stärker, wenn sie dem Wind ausgesetzt sind. (asiatische Weisheit)

▲ Licht und Wasser bringen die Bäume und Blumen zum Blühen. Jede Pflanze strebt zum Licht, um daran zu wachsen. Auch Entscheidungen setzen sich aus einem Profil (Baumstamm) und Alternativen (Ästen) zusammen.

▲ Wenn wir die Eigenschwingung in der Atmung entdecken, dann können wir jedes kleine Feuer in uns in eine große Begeisterung wachsen lassen.

▲ Alles hat seine Zeit. Doch anstelle des Grübelns oder Zweifels möchte ich lieber an die Lyrik denken. Das spirituelle Licht beginnt beispielsweise mit Musik richtig zu leuchten.

Nur der betet gut, der von Herzen liebt - den Menschen, den Vogel und das Tier. (Toktokkie)

Erde: *(Balance)*

*„Unser Immunsystem ist so stark wie unsere Psyche",
hat Nobelpreisträger Mario Capecchi einmal gesagt.*

Würze verteilt die Nahrungsenergie im ganzen
Körper. Deshalb ist Curry zum Beispiel eine Mi-
schung aus bis zu „36" verschiedenen Gewürzen –
wie zum Beispiel Senf, Pfeffer, Kardamom, Ing-
wer und Nelken ...

„Chilenin" is Partytime: Warum ist Chili so
scharf? Verantwortlich dafür ist der Pflanzen-
stoff Capsaicin. Es fördert die Ausschüttung der
Glückshormone der Führungskräfte und aktiviert
die Fettverbrennung
.

Für mehr Konzentration: Her mit dem Früh-
stücksei! In ihm steckt der Nervenbotenstoff
Cholin. Und der hilft, uns besser konzentrieren
zu können.

Kann man die Haut „beerenstark" machen? Ja,
und zwar mit Paprika, Zwetschken, Äpfeln und
Beeren. Beeren und Salat haben „Null Kalorien"
und bringen viel Energie.

Erdverbundene Menschen lieben die Gesellig-
keit und sind schnell überall zu Hause.
Der Meister der Erde gibt den Menschen Leben,
Halt und Kraft für ihre Wurzeln. Die Wurzeln der
Erde nehmen ihre Nahrung aus der Erde. Wir be-
kommen unsere Nährstoffe aus dem Darm.

Kräuter sind und waren immer wertvoll, weil
sie die Grundlage für Medizin und Leben bilden.
Deshalb behebt der Meister der Erde: Energieman-
gel und Energieblockaden durch würzige Speisen.

Die Welt ist nicht heil, aber heilbar, hat Frankl einmal gesagt.

Was sagt ein schwerer Herzschlag?

Wenn wir den Menschen so nehmen wie er ist, machen wir ihn schlechter als er ist. Wenn wir den Menschen aber so nehmen wie er sein soll, dann machen wir ihn zu dem, was er werden kann, hat Goethe erklärt.

Was bleibt? Ersparen wir uns die Erfahrung eines Burn-outs und pflegen wir eine Kultur anstrengenden Nichtanstrengung.

Das Wort ist ein Donner oder ein Glühwürmchen.
Das Wort ist mächtig.

Marc Twain